Dieses Buch gehört :

_____

Bibliografische Information der Deutschen Nationalbibliothek:

Die Deutsche Nationalbibliothek verzeichnet diese Publikation in der Deutschen Nationalbibliografie;

detaillierte bibliografische Daten sind im Internet über http://dnb.dnb.de abrufbar.

© 2022 Fräulein Herrmann

Korrektorat: SwissPartitur

Herstellung und Verlag: BoD – Books on Demand, Norderstedt

ISBN: 9783756886180

Entschlüssle Worte, füttere Tiere, hilf einer etwas verwirrten Schülerin ....

und werd dabei immer besser im Noten lesen.


Viel Freude beim Lernen!

## Entschlüssle das Wort

Ich liege zwischen der ersten und zweiten Linie

Ich bin umzingelt von einem d und einem f

Direkt über mir sitzt das e

Ich sitze  2 Noten über dem c

Ich bin keine Note sondern bloß

ein langweiliger Buchstabe. Im

Alphabet hab ich die 18. Position

/5

# Markiere den Tieren ihr Futter.

Wir bauen eine Zaubertreppe, doch leider wurden nur die Hälfe der Steine geliefert.
Folge den Anweisungen und vollende den Bauplan in Noten.

Bauplan: _____

Bauplan: _____

/26

Frau Durcheinander konnte sich heute nicht konzentrieren. Überprüfe ihre Aufgaben und korrigiere sie, wenn nötig.

D E F G F C E G C E

G F A A F D E D E E F

/14

Oje, eine der sieben Stammnoten ist ausgebüxst.....
Finde die fehlende Note.

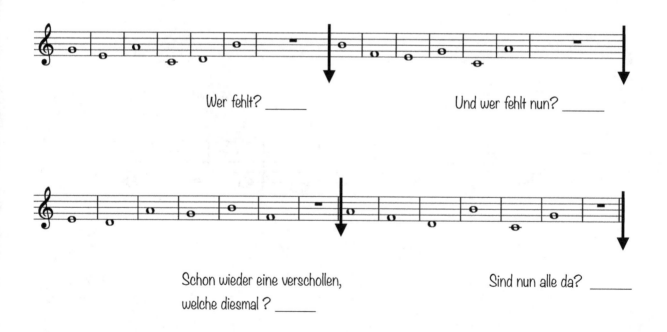

Wer fehlt? _____

Und wer fehlt nun? _____

Schon wieder eine verschollen,
welche diesmal ? _____

Sind nun alle da? _____

/4

## Markiere den Tieren ihr Futter.

Markiere die Noten mit einer
Farbe deiner Wahl, der Reihe
nach auf der Klaviatur.

d g h c e g a h f c e a c

e g a c f g a c f d e a h

/26

Frau Durcheinander konnte sich heute schon
wieder nicht konzentrieren. Überprüfe ihre
Aufgaben und korrigiere sie, wenn nötig.

F  E  F  G  F  F  E  G  E  G

A  G  A  E  F  D  E  D  E  E  F

/14

## Entschlüssle das Wort

Ich liege auf der ersten unteren Hilfslinie

Ich liege 3 über e

Wenn c die erste Note ist, bin ich die vierte.

Meine direkten Nachbarn sind d und f

/4

# Notenpaare

*Verbinde c' mit c", d' mit d" usw.*

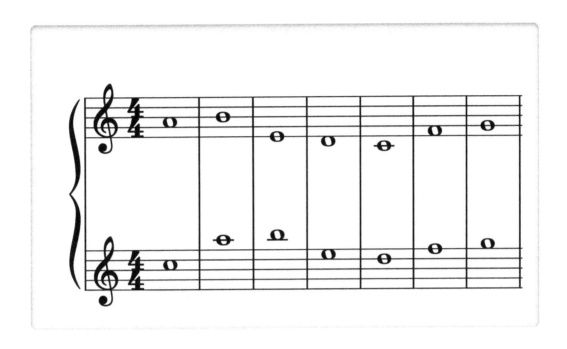

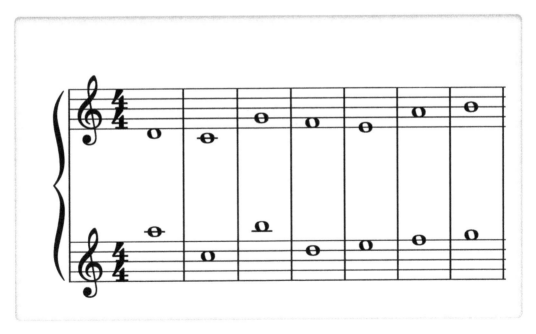

/4

# Markiere den Tieren ihr Futter.

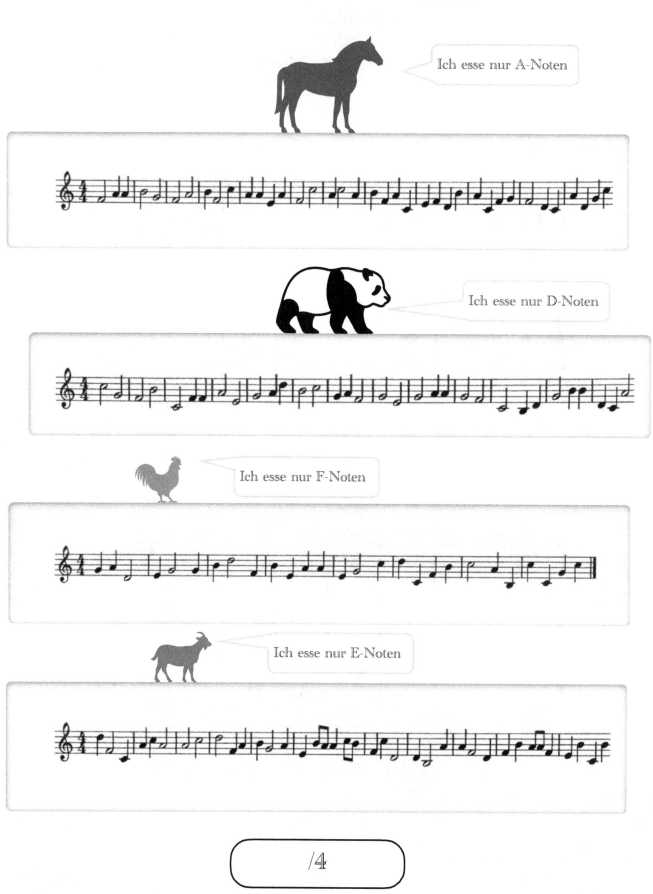

Markiere die Noten mit einer
Farbe deiner Wahl, der Reihe
nach auf der Klaviatur.

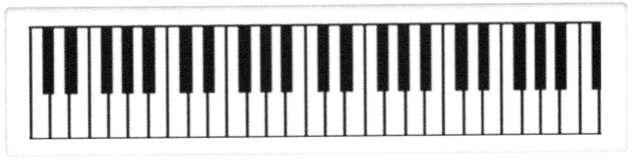

c a h c f g a h e c d a c

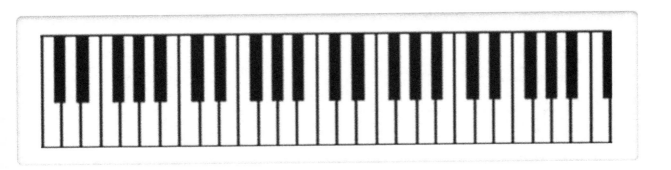

c e h c f g a h f c f a h

/26

# Markiere den Tieren ihr Futter.

/21

Markiere die Noten mit einer
Farbe deiner Wahl, der Reihe
nach auf der Klaviatur.

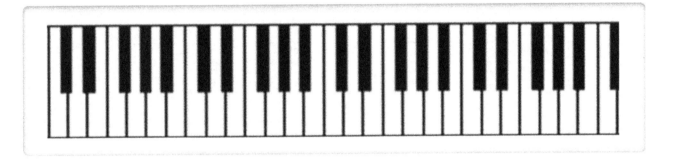

e a h c f g a h c d f h c

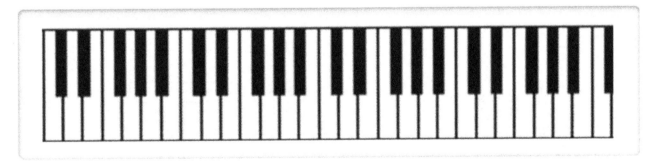

d e a c f g a h f c f a h

/4

# Notenpaare

*Verbinde c' mit c", d' mit d" usw.*

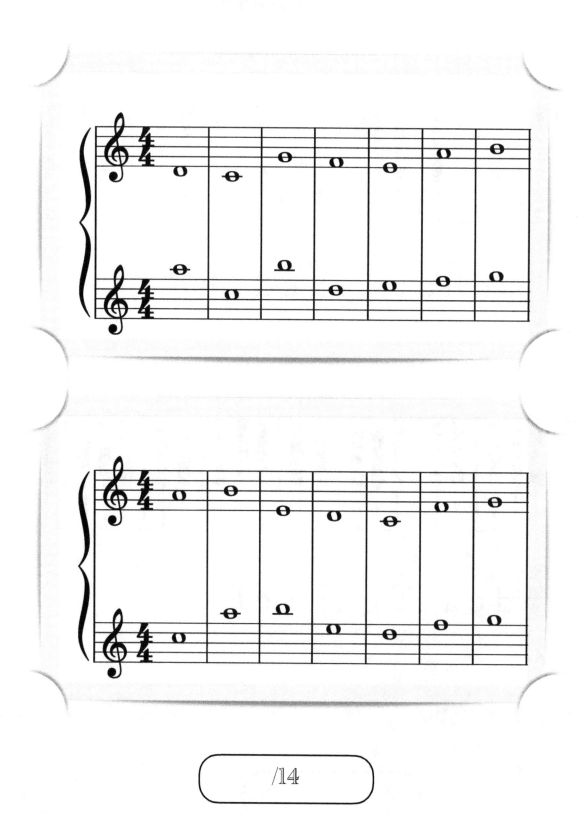

/14

In jedem Zimmer fehlt eine der 7 Stammnoten.

Schreibe die fehlende Note in das Kästchen.

Schlafzimmer

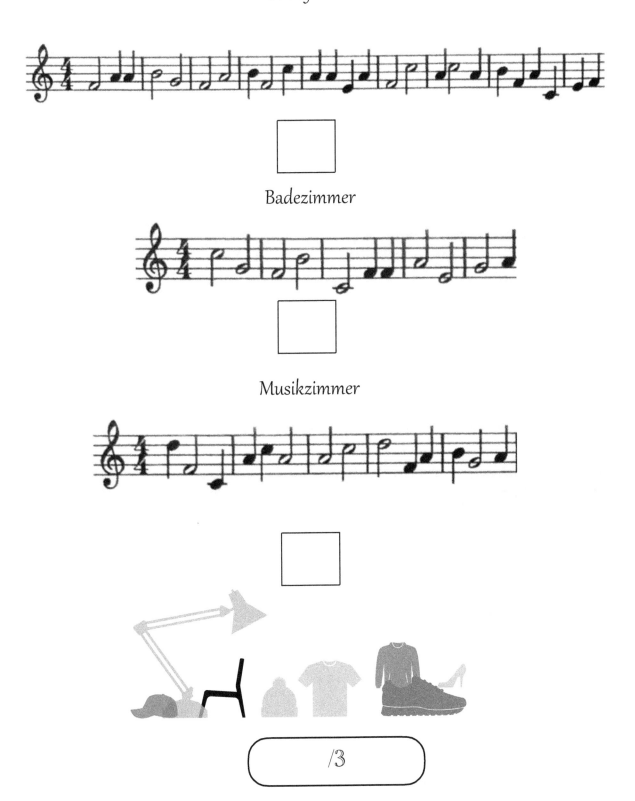

Badezimmer

Musikzimmer

/3

Frau Durcheinander konnte sich heute wieder
kaum konzentrieren. Kreuze, wenn nötig ihre
Aufgabe durch und notiere den richtigen
Notennamen.

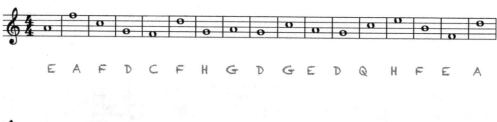

E   A   F   D   C   F   H   G   D   G   E   D   Q   H   F   E   A

H   F   F   C   F   H   G   D   G   E   D   F   H   F   E   A   G

/26

## Entschlüssle das Wort

1. Ich liege genau in der Mitte vom Notensystem

2. Ich liege 2 über f

3. Mich gibt es nicht als Note. Ich stehe im
Alphabet zwischen M und O

4. Ich liege unter der ersten Linie

/4

# Schreibe die Worte in Noten

Dach

Hab

Cafe

Gabe

Asche

/19

# Notenpaare

*Verbinde die Noten mit den passenden Notennamen*

D   E   F   G   F   C   E   G   C   E

G   F   A   A   F   D   E   D   E   E   F

/14

# Male den Violinschlüssel

/15

24

# Kreise den Tieren ihr Futter ein.

/4

Hilf der kleinen Martha nach Hause zu kommen. Sie kann weder Noten, noch
Anweisungen lesen. Schreibe ihr also bitte ihren Weg in Großbuchstaben unter die Noten
und Anweisungen .

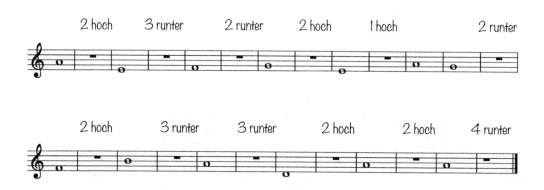

/26

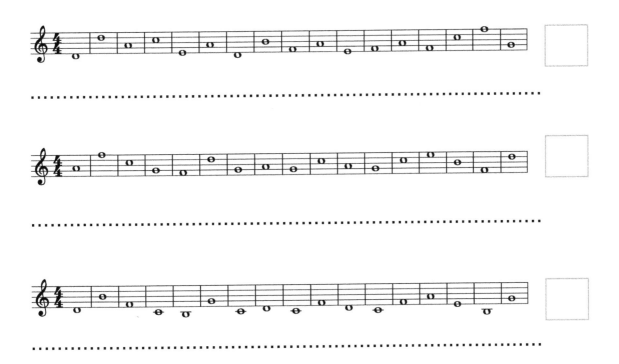

/3

27

Oje, eine der sieben Stammnoten ist
ausgebüxst.....
Finde die fehlende Note und schreibe sie unter
den Pfeil.

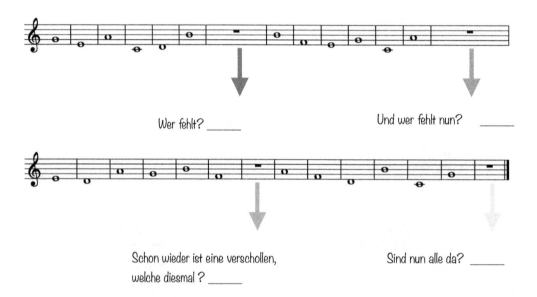

Wer fehlt? _____

Und wer fehlt nun? _____

Schon wieder ist eine verschollen,
welche diesmal ? _____

Sind nun alle da? _____

/4

# Schreibe die Worte in Noten

Hefe

Hase

Bach

Fisch

Affe

/18

# Kreise den Tieren ihr Futter ein.

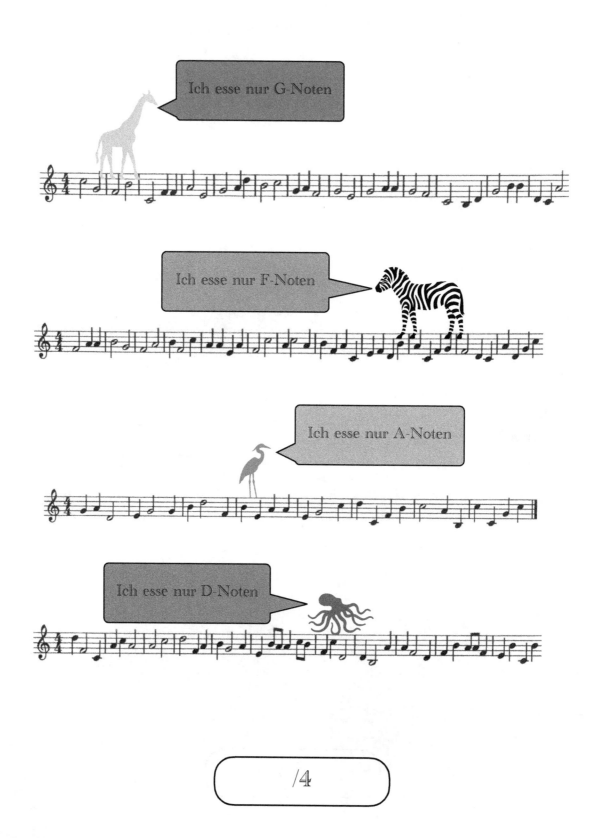

In jeder Zeile kommen eine bis zwei Noten besonders oft vor. Schreibe die Noten, welche am häufigsten vorkommen in das Kästchen.

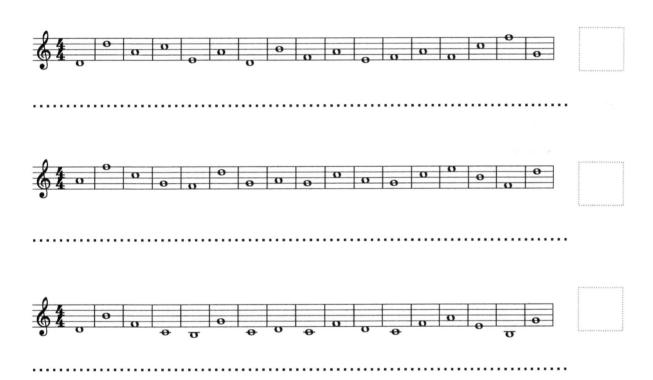

# Quizduell
## Runde 1

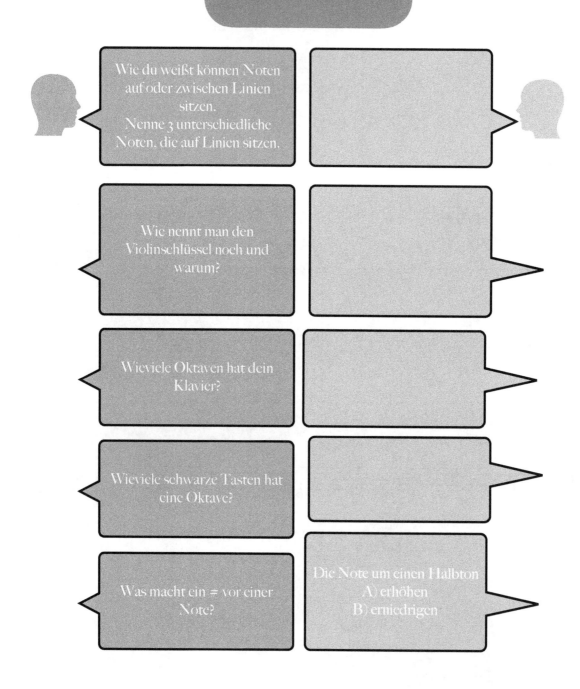

Wie du weißt können Noten auf oder zwischen Linien sitzen.
Nenne 3 unterschiedliche Noten, die auf Linien sitzen.

Wie nennt man den Violinschlüssel noch und warum?

Wieviele Oktaven hat dein Klavier?

Wieviele schwarze Tasten hat eine Oktave?

Die Note um einen Halbton
A) erhöhen
B) erniedrigen

Was macht ein # vor einer Note?

/5

In jeder Zeile kommen eine bis zwei Noten besonders oft vor. Schreibe die Noten, welche am häufigsten vorkommen in das Kästchen.

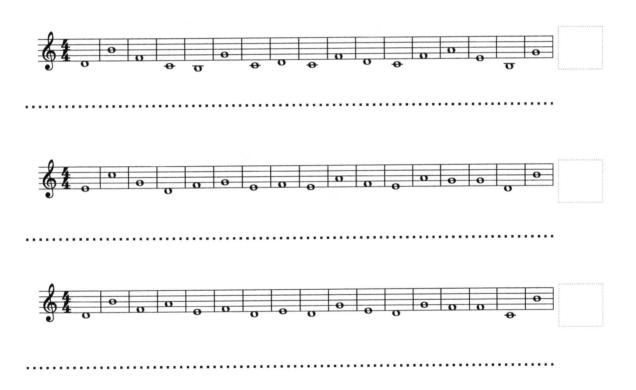

/3

Erkenne das Muster und
führe es wie im Beispiel fort.
Zeichne die fehlende Note
über oder unter die Pause.

Beispiel:

Lösung:

+1   +2   +2    +1   +2   +2   +1

/3

Kreise den Tieren ihr
Futter ein.

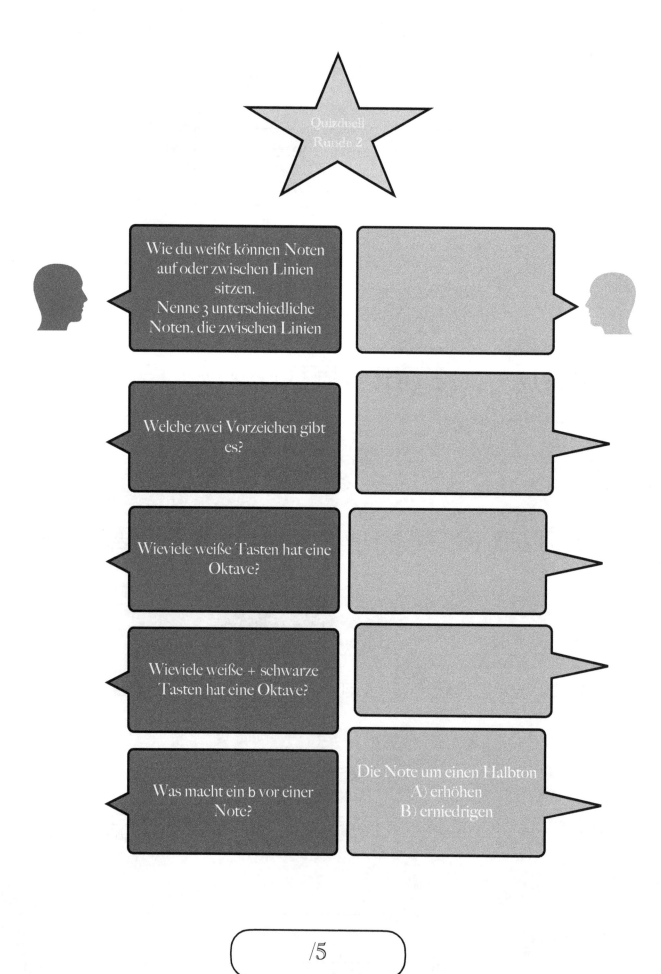

Frau Durcheinander konnte sich heute nicht konzentrieren. Kreuze, wenn nötig ihre Aufgabe durch und notiere den richtigen Notennamen.

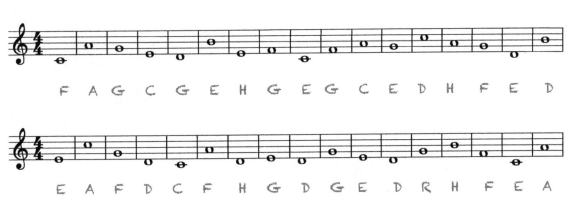

F   A   G   C   G   E   H   G   E   G   C   E   D   H   F   E   D

E   A   F   D   C   F   H   G   D   G   E   D   R   H   F   E   A

/34

Gratuliere,
du hast es geschafft!

Kommen wir nun
zu deinen Punkten.

| Aufgabe/Seite | Punkte |
|---|---|
|  |  |
|  |  |
|  |  |
|  |  |
|  |  |
|  |  |
|  |  |
|  |  |
|  |  |
|  |  |
|  |  |
|  |  |
|  |  |
|  |  |
|  |  |
|  |  |
|  |  |
|  |  |
|  |  |
|  |  |
|  |  |
|  |  |
|  |  |
|  |  |
|  |  |
|  |  |
|  |  |
|  |  |
|  |  |
|  |  |
|  |  |
|  |  |
|  |  |
|  |  |
| Gesamtpunktzahl |  |

Großartig,
du hast
insgesamt

Punkte

gesammelt

CPSIA information can be obtained
at www.ICGtesting.com
Printed in the USA
LVHW062259051222
734629LV00014B/1006